BEI GRIN MACHT SICH IHR WISSEN BEZAHLT

- Wir veröffentlichen Ihre Hausarbeit,
  Bachelor- und Masterarbeit

- Ihr eigenes eBook und Buch -
  weltweit in allen wichtigen Shops

- Verdienen Sie an jedem Verkauf

Jetzt bei www.GRIN.com hochladen
und kostenlos publizieren

Bibliografische Information der Deutschen Nationalbibliothek:

Die Deutsche Bibliothek verzeichnet diese Publikation in der Deutschen National-
bibliografie; detaillierte bibliografische Daten sind im Internet über http://dnb.d-
nb.de/ abrufbar.

Impressum:

Copyright © 2017 GRIN Verlag, Open Publishing GmbH
Druck und Bindung: Books on Demand GmbH, Norderstedt Germany
ISBN: 9783668454774

Dieses Buch bei GRIN:

http://www.grin.com/de/e-book/366777/eine-analyse-des-projektes-integration-
von-fluechtlingen-durch-sport

Jan Döring

Eine Analyse des Projektes "Integration von Flüchtlingen durch Sport"

Eine detaillierte Analyse anhand Stuttgarter Sportvereine aus der Monitoring & Evaluation (M&E) Perspektive

GRIN Verlag

GRIN - Your knowledge has value

Der GRIN Verlag publiziert seit 1998 wissenschaftliche Arbeiten von Studenten, Hochschullehrern und anderen Akademikern als eBook und gedrucktes Buch. Die Verlagswebsite www.grin.com ist die ideale Plattform zur Veröffentlichung von Hausarbeiten, Abschlussarbeiten, wissenschaftlichen Aufsätzen, Dissertationen und Fachbüchern.

Besuchen Sie uns im Internet:

http://www.grin.com/

http://www.facebook.com/grincom

http://www.twitter.com/grin_com

Transferarbeit

Eine Analyse des Projektes „Integration von Flüchtlingen durch Sport" von Stuttgarter Sportvereinen aus der Monitoring & Evaluation (M&E) Perspektive

Modul: Sports & Development

Verfasser:

Jan Döring

Inhaltsverzeichnis

Abkürzungen

ASC	Allgemeiner Sport-Club Göttingen von 1846 e.V.
bspw.	Beispielsweise
CSR	Corporate Social Responsibility
DOSB	Deutscher Olympischer Sportbund
M&E	Monitoring & Evaluation
z.B.	zum Beispiel

1   Einleitung und theoretischer Bezugsrahmen

Die vorliegende Ausarbeitung behandelt das Thema der „Integration von Flüchtlingen durch Sport", welches aus der Monitoring und Evaluation (M&E) Perspektive beleuchtet werden soll.

Das Monitoring versteht sich dabei als die systematische und kontinuierliche Datenerhebung als auch Informationssammlung über Prozesse, Erfahrungen sowie Resultate und misst demnach in regelmäßigen Abständen den Projektfortschritt. Im Rahmen der Evaluation erfolgt anschließend eine objektive Begutachtung dieser gesammelten Informationen hinsichtlich der Erfüllung von Zielsetzungen, woraus Schlussfolgerungen und letztendlich strategische Entscheide abgeleitet werden können.[1]

Im Fokus der Integrationsthematik steht vor allem die Frage, was Gesellschaften zusammenhält bzw. was diese auseinandertreibt. Die entscheidenden Faktoren für dessen Radikalisierung sind dabei hauptsächlich die unübersichtlichen Folgen der Differenzierung und Individualisierung und deren schwer kalkulierbaren Konsequenzen sowie die neuerliche Brisanz von Ethnizität.[2]

Ein übergreifender Konsens hinsichtlich der Definition des Begriffs „Integration" kann allerdings nicht erreicht werden. Dies ist der Tatsache geschuldet, dass sich die zu betrachtenden Aspekte und Dimensionen im Verlauf der Zeit verändern.[3] Daraus geht hervor, dass der Integrationsbegriff je nach Kontext variieren kann. Im Rahmen dieser Ausarbeitung kann allerdings der in aktuellen sportwissenschaftlichen und sportpolitischen Diskussionen verwendete Integrationsbegriff geltend gemacht werden. Dabei wird Integration definiert als „die gleichberechtigte Teilhabe von Migrantinnen und Migranten am gesellschaftlichen Leben und damit auch an sportweltlichen Teilnahme- und Teilhabestrukturen unter Respektierung und Wahrung kultureller Vielfalt beim gleichzeitigen Anspruch aller, sich an rechtsstaatlichen und demokratischen Grundpositionen zu orientieren".[4] Demnach wird ein Individuum einer sozialen Randgruppe im Rahmen des Integrationsprozesses in ein bereits bestehendes System aufgenommen, welches ursprünglich nicht anhand dessen Bedürfnissen konzipiert worden ist. Das Individuum

---

[1] Vgl. Kusek/Rist (2004), S. 12.
[2] Vgl. www.integration-durch-sport.de/fileadmin/fm-dosb/arbeitsfelder/ids/images/2014/downloads/Expertise_Diversitaet_Inklusion_Integration_Inte rkulturalitaet.pdf (2014), S. 21 ff.
[3] Vgl. www.bundesregierung.de/Content/DE/Archiv16/Artikel/2007/07/Anlage/2007-08-30-nationaler-integrationsplan.pdf?__blob=publicationFile&v=1 (2007), S. 196.
[4] www.integration-durch-sport.de/fileadmin/fm-dosb/arbeitsfelder/ids/files/downloads_pdf/downloads_2011/Integrationsverstaendnis2011.pdf (2010), S. 1.

muss infolgedessen aus eigenem Antrieb versuchen, sich an das bestehende System mit seinen kulturellen Standards anzupassen.[5]

Fälschlicherweise werden in diesem Kontext häufig die beiden Begriffe „Integration" und „Inklusion" synonym verwendet, welche allerdings klar voneinander abgegrenzt werden können. Im Gegensatz zu den zuvor erläuterten Aspekten, erfordert der inklusive Ansatz weniger die Notwendigkeit einer Anpassung auf der individuellen Ebene. Vielmehr bedarf es einem Veränderungsprozess auf institutioneller Ebene, wobei festgestellt werden muss, wie Sportangebote auf allen Ebenen – Breiten-, Schul-, und Spitzensport – gestaltet werden müssen, um die Teilhabe aller Mitglieder einer heterogenen Gesellschaft mit all ihren diversen sozialen Merkmalen zu ermöglichen.[6]

Die vorliegende Ausarbeitung betrachtet konkret das Projektvorhaben „Integration durch Sport in Stuttgart" hinsichtlich der Corporate Social Responsibility (CSR). Das Projektvorhaben gilt als integraler Bestandteil der Entwicklung der Stadtgesellschaft, wobei sich alle Interessensgruppen, die sich aktiv in die Gesellschaft einbringen, zu diesem Prozess der Integration bekennen und diesen als eine wichtige Aufgabe für alle Betroffenen verstehen. Ein besonderes Anliegen der Sportvereine ist es dabei, so viele Flüchtlinge wie möglich in die vorhandenen Sportstrukturen einzubinden und die Schwellen der Sportangebote äußerst niedrig zu halten, sodass der Eintritt und die Aufnahme dieser vereinfacht wird.[7]

Nach Dahlrsrud kann der Begriff CSR auf fünf Dimensionen eingegrenzt werden:

> Environmental dimension (Umwelt, Ökologie)

> Social dimension (Beziehung Wirtschaft-Gesellschaft)

> Economic dimension (Finanzwirtschaft)

> Stakeholder dimension (Anspruchs- und Interessensgruppen)

> Voluntariness dimension (Nicht rechtlich verpflichtete Freiwilligkeit)[8]

Des Weiteren gilt CSR als ein Konzept, welches den Unternehmen als Fundament dienen soll, auf freiwilliger Basis Umwelt- und soziale Belange in dessen Unterneh-

---

[5] Vgl. Neckel/Soeffner (2008), S. 218 ff.

[6] Vgl. www.integration-durch-sport.de/fileadmin/fm-dosb/arbeitsfelder/ids/images/2014/downloads/Expertise_Diversitaet_Inklusion_Integration_Interkulturalitaet.pdf (2014), S. 16.

[7] Vgl. http://www.stuttgarter-zeitung.de/inhalt.integration-durch-sport-in-stuttgart-kaum-fluechtlingsfrauen-in-sportkursen.6782652c-43ed-48c5-ae15-541e2924c51b.html (2016)

[8] Vgl. www.onlinelibrary.wiley.com/doi/10.1002/csr.132/epdf (2006), S. 4.

menstätigkeit als auch in die Wechselbeziehungen mit den Stakeholdern zu integrieren.[9]

Im Folgenden wird insbesondere auf die Stakeholder – die Anspruchs- und Interessensgruppen – des Projektes „Integration durch Sport in Stuttgart" eingegangen.

2 Integration durch Sport in Stuttgart und Corporate Social Responsibility (CSR)

Der erste Schritt hinsichtlich CSR wurde bereits mit der Einführung des Projektvorhabens „Integration durch Sport in Stuttgart" getan, da dies nicht gesetzlich vorgeschrieben ist und demnach auf freiwilliger Basis ins Leben gerufen wurde. Zusätzlich wurden öffentliche Gelder in Höhe von 150.000 Euro für die Sportvereine und deren breit gefächerten Sport- und Bewegungsangebote bereitgestellt, sodass die Kursgebühren finanziert werden können. Allerdings verpflichtet sich der Durchführer des Projektes damit gleichzeitig einen Mehrwert für die betroffenen Anspruchs- und Interessensgruppen zu schaffen.

Dieser wird grundsätzlich durch das Projekt geboten, da der Sport an sich soziale und kulturelle Grenzen überwindet und Angehörigen diverser Bevölkerungsgruppen große Potenziale der Begegnung und der Erlangung sozialer Anerkennung bietet. Zusätzlich wird dadurch der Zusammenhalt der Gesellschaft gefördert und der Dialog zwischen Migrantinnen, Migranten und der einheimischen Bevölkerung unterstützt, wodurch Vorurteile und Ängste abgebaut oder zumindest verringert werden können.

3 Monitoring

Die wichtigste Interessensgruppe wird bei diesem Vorhaben durch die Flüchtlinge gebildet, die letztendlich die angebotenen Sportprogramme wahrnehmen können und sollen. Im Rahmen des Monitorings wurde hierbei allerdings sowohl durch das Sportamt als auch durch die Sportvereine festgestellt, dass die weiblichen Jugendlichen und Erwachsenen nur in sehr geringem Maße an den Sport- und Bewegungsangeboten teilnehmen. Vielmehr werden fast ausschließlich männliche Jugendliche und Erwachsene durch das Projekt erreicht. Aus den bisherigen Erfahrungen geht demnach hervor, dass die Gewinnung von Frauen für den Flüchtlingssport eine größere Herausforderung darstellt als bisher angenommen.

---

[9] Vgl. www.ec.europa.eu/growth/industry/corporate-social-responsibility_de (2001), S.1.

Aus den während des laufenden Projektes erhobenen Informationen konnten die Gründe für diese Besonderheit festgestellt werden, denn unter den Geflüchteten herrschen oft unterschiedliche kulturelle Auffassungen von Sport. Für viele der weiblichen Flüchtlinge stellte der Kontakt mit Sport eine ganzheitlich neue Erfahrung dar, da dieser in derer bisherigen Vergangenheit keine bzw. eine sehr geringe Rolle im Alltag spielte. Dies resultiert in Unsicherheiten und Hemmungen, seitens der geflüchteten Frauen, die lokalen Sport- und Bewegungsangebote wahrzunehmen.

Ein weiteres Anliegen dieser Zielgruppe liegt in dem Bedürfnis im geschützten Bereich zu bleiben wie z.B. in nicht einsehbaren Sport- und Schwimmhallen. Damit einher geht der Aspekt, dass in den unterschiedlichen Heimatländern der Flüchtlinge eine strikte Trennung von Männern und Frauen während des Ausübens von Sport erfolgte. Ein Teil der Flüchtlinge verweigerten infolgedessen die Teilnahme an den Sportangeboten, bspw. aufgrund der Tatsache, dass das Trainerteam aus einer Frau und einem Mann besteht. Durch die individuellen kulturellen Erfahrungen der Teilnehmerinnen bevorzugen diese allerdings, ausschließlich von einer Frau trainiert zu werden.

Zusätzliche kulturelle Besonderheiten zeigen sich in der Zuverlässigkeit und Verbindlichkeit der Flüchtlinge hinsichtlich der Teilnahme an den Sportangeboten. So ergab sich aus der laufenden Informationssammlung, dass die Teilnehmerquote der Flüchtlinge enorm stieg, wenn das Hinbringen und Abholen der Flüchtlinge von den Sportvereinen organisiert wurde.[10]

4   Evaluation

Das Programm „Integration durch Sport" des Deutschen Olympischen Sportbundes (DOSB) fördert bereits seit 17 Jahren Projekte in verschiedenen Sportvereinen. Demzufolge sollte in erster Linie nicht mehr die Entwicklung neuer Integrationsprojekte im Vordergrund stehen. Vielmehr ist das gegenwärtige zentrale Anliegen die Evaluation bestehender Projekte und der Austausch über effektive Methoden.[11]

Das gesetzte Ziel der Stuttgarter Sportvereine eine konstant hohe Teilnehmerzahl über jegliche Alters- und Geschlechtergruppen hinweg zu generieren wurde – wie anhand der erhobenen Informationen und Daten aufgezeigt – nicht erreicht. Demzufolge müssen strategische Entscheidungen und Ausrichtungen abgeleitet werden, um die gesteckten Ziele besser erreichen zu können.

---

[10] Vgl. http://www.stuttgart.de/img/mdb/publ/25937/116762.pdf (2016), S. 8 ff.
[11] Vgl. https://www.dosb.de/fileadmin/fm-dosb/arbeitsfelder/ids/images/2014/Programmkonzeption_3_Aufl_2014.pdf (2014), S. 4 ff.

Zunächst ist festzuhalten, dass ein allgemeingültiger Lösungsvorschlag nicht geltend gemacht werden kann. Allerdings können unterschiedliche Herangehensweisen hilfreich hinsichtlich der Organisation dieser Problematik sein.

Ein früher und insbesondere intensiver Kontakt zur Zielgruppe kann dabei gewinnbringend sein, die Flüchtlinge – mit dem Hauptfokus auf die geflüchteten Frauen – schnellstmöglich mit einzubeziehen und deren Interessen zu berücksichtigen. Eine wichtige Rolle spielt hierbei ein guter Kontakt zur Leitung der Flüchtlingsunterkünfte, um kurze Informationswege sicherzustellen und Nachfragen zeitnah beantworten zu können.

Wie oben bereits erläutert, ist die Berücksichtigung von religiösen Wertvorstellungen unentbehrlich bei der Schaffung von Sport- und Bewegungsangeboten. Mögliche Lösungsansätze können bspw. nicht einsehbare Sporträume oder bei Bedarf strikte Trennungen zwischen Männern und Frauen sein. Zudem ist es ratsam, aufgrund der geringen Zuverlässigkeit der Flüchtlinge, die Teilnehmer in den Unterkünften abzuholen als auch nach erfolgreicher Durchführung der Sportangebote diese wieder nach Hause zu bringen. Dieser Ansatz greift insbesondere dann, sollte die Möglichkeit nicht bestehen, die Sport- und Bewegungsangebote in direkter Nähe zu den Unterkünften der Teilnehmer und Teilnehmerinnen durchzuführen. Ein gelungenes Praxisbeispiel kann dazu durch den Allgemeinen Sport-Club (ASC) Göttingen von 1846 e.V. herangezogen werden, welcher ein sogenanntes „Mobilitätskonzept" entwickelt hat. Hierbei wird durch die Errichtung eines Fahrdienstes die Hürde der eingeschränkten Mobilität der Flüchtlinge bewältigt, wodurch das Selbstbewusstsein und die Selbstständigkeit gefördert als auch ein Gefühl der Sicherheit und Hilfsbereitschaft vermittelt wird. Diese Aspekte können für den Aufbau einer Vertrauensbasis zwischen den Flüchtlingen und dem entsprechenden Personal von enormer Bedeutung sein sowie über Teilnahme bzw. Nicht-Teilnahme dieser entscheiden.

Aufgrund dieser aktiven Motivierung können mehr Frauen für die Wahrnehmung der Sportangebote gewonnen werden. Zum anderen werden die Flüchtlinge an das Sportprogramm gewöhnt, was entscheidend bei der Vermittlung ist, dass der Sport einen wichtigen Teil des Tages oder der Woche darstellt.[12]

Darauf aufbauend sollte es das Ziel sein, die Förderung der interkulturellen Kompetenzen der Akteure in den Netzwerken vor Ort auszubauen, woraus ein größeres Verständnis der individuellen Anliegen resultiert. Um diesen Effekt positiv zu verstärken, sollten die vorhandenen Integrationskonzepte der Sportverbände und –vereine ziel-

---

[12] Vgl. http://www.stuttgart.de/img/mdb/publ/25937/116762.pdf (2016), S. 7 ff.

gruppenorientiert ausgerichtet sein. Dementsprechend sollten Sport- und Bewegungsangebote entwickelt werden, die eine besonders hohe Beliebtheit unter den Flüchtlingen aufweist und deren Sportsozialisation entspricht.[13]

Demzufolge können die sozialen Belange der Flüchtlinge mit in die Unternehmenstä-
tigkeiten der Sportvereine und des Sportamtes miteingebaut werden.

5   Fazit und Ausblick

Den Sportvereinen, welche das Projekt „Integration durch Sport" fördern, können
enorme sozial- als auch systemintegrative Leistungen zugesprochen werden. Das gemeinsame Ausüben von Sport hilft allen Bevölkerungsgruppen unabhängig von der
sozialen Herkunft nachgewiesen Kontakte zu knüpfen, Freundschaften zu schließen
als auch das Selbstbewusstsein zu stärken. Die Vereine tragen dazu bei soziale und
interkulturelle Kompetenzen zu vermitteln, indem durch gemeinsame Aktivitäten Vor-
behalte abgebaut und gegenseitiges Verständnis aufgebaut werden.[14]

Insgesamt wird aufgezeigt, dass das Interesse an sportlicher Betätigung bei Flüchtlingen sehr hoch, die tatsächliche Beteiligung am organisierten Sport allerdings noch ver-
hältnismäßig gering ausfällt. Festgestellt werden konnte, dass dies insbesondere für
weibliche Flüchtlinge gilt, da diese Zielgruppe nur schwer zu erreichen ist.

Die im Rahmen der Evaluation herausgestellten strategischen Entscheide und Ausrichtungen dienen nicht nur zur Orientierung der Stuttgarter Sportvereine. Vielmehr sind
diese hilfreich für jegliche Sportverbände und –vereine, die identische Projekte ins Leben gerufen haben und mit ähnlichen Problematiken konfrontiert sind.

Feststeht, dass das eingebettete Monitoring & Evaluation Konzept sich bereits jetzt als
ein wirksames Instrument für das betrachtete Projekt erwiesen hat. Der offene Dialog
über Fortschritt und Entwicklung zwischen allen Beteiligten machte es möglich den
Wandel bzw. die Veränderungen innerhalb des Projektes zu erfassen und Gegenmaß-
nahmen einzuleiten. Die konkrete Umsetzung der Maßnahmen und Aktivitäten zur Ge-
gensteuerung liegen nun in der Verantwortung der Stuttgarter Sportvereine, sodass die
Zielgruppen als auch die Adressaten von dem angestrebten Ergebnis profitieren können.

Wie bereits oben erläutert, ist es von enormer Bedeutung zielgruppenspezifische
Sportangebote für die Flüchtlinge zu entwickeln und durchzuführen. In Zukunft könnte

---

[13] Vgl. https://www.bundestag.de/blob/412176/5bdc1e9760602484f1a4d85228ba08e8/wd-10-
054-09-pdf-data.pdf (2009), S. 11 ff.
[14] Vgl. Scheid (1995), S. 25 ff.

dies durch die Durchführung von traditionellen M&E Methoden wie z.B. Fragebögen oder Interviews mit den entsprechenden Zielgruppen vereinfacht werden. Durch bereits oberflächlich durchgeführte M&E Strategien konnte so bereits festgestellt werden, dass die Tanzangebote bei den weiblichen Flüchtlingen äußerst beliebt sind. Des Weiteren wurden positive Erfahrungen gemacht, wenn die Teilnehmer die eigenen Tänze aus der Heimat vorstellen konnten.[15]

Eine Weiterführung und Verfolgung solcher M&E Strategien birgt demnach ein hohes Potenzial zur Erfassung der Interessen von entsprechenden Zielgruppen.

---

[15] Vgl. http://www.stuttgart.de/img/mdb/publ/25937/116762.pdf (2016), S. 8.

Quellenverzeichnis

Kusek, Jody Zall & Ray C. Rist (2004): Ten Steps to a Results-based Monitoring and Evaluation System: A Handbook for Development Practitioners, World Bank Publications.

Neckel, Sighard/Soeffner, Hans-Georg (2008): Mittendrin im Abseits. Ethnische Gruppenbeziehungen im lokalen Kontext. Springer-Verlag, Berlin.

Scheid, Volker (1995): Chancen der Integration durch Sport. Meyer & Meyer, Frankfurt/Main.

Internetquellen

www.bundesregierung.de/Content/DE/Archiv16/Artikel/2007/07/Anlage/2007-08-30-nationaler-integrationsplan.pdf?__blob=publicationFile&v=1 (2007) (Stand: 02.05.2017)

https://www.dosb.de/fileadmin/fm-dosb/arbeitsfelder/ids/images/2014/Programmkonzeption_3_Aufl_2014.pdf (2014) (Stand: 01.05.2017)

www.ec.europa.eu/growth/industry/corporate-social-responsibility_de (2001) (Stand: 04.05.2017)

www.integration-durch-sport.de/fileadmin/fm-dosb/arbeitsfelder/ids/images/2014/downloads/Expertise_Diversitaet_Inklusion_Integration_Interkulturalitaet.pdf (2014) (Stand: 20.04.2017)

www.integration-durch-sport.de/fileadmin/fm-dosb/arbeitsfelder/ids/files/downloads_pdf/downloads_2011/Integrationsverstaendnis2011.pdf (2010) (Stand: 16.04.2017)

www.onlinelibrary.wiley.com/doi/10.1002/csr.132/epdf (2006) (Stand: 04.05.2017)

http://www.stuttgarter-zeitung.de/inhalt.integration-durch-sport-in-stuttgart-kaum-fluechtlingsfrauen-in-sportkursen.6782652c-43ed-48c5-ae15-541e2924c51b.html (2016) (Stand: 01.05.2017) http://www.stuttgart.de/img/mdb/publ/25937/116762.pdf **(2016) (Stand: 04.05.2017)**